Impressum
Verlag: BABADADA GmbH, Nedderfeld 112 , 22529 Hamburg
Geschäftsführer / Verlagsleitung: Harald Hof
Druck: Books on Demand GmbH, In de Tarpen 42, 22848 Norderstedt

Imprint
Publisher: BABADADA GmbH, Nedderfeld 112 , 22529 Hamburg, Germany
Managing Director / Publishing direction: Harald Hof
Print: Books on Demand GmbH, In de Tarpen 42, 22848 Norderstedt, Germany

xue xiao
mokykla

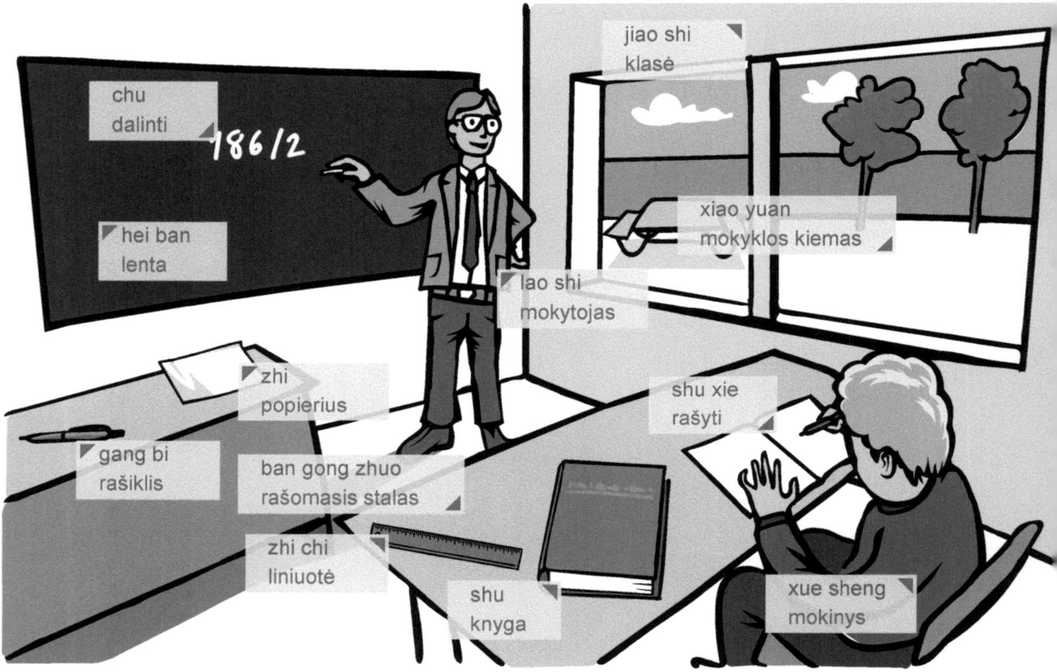
jiao shi
klasė
chu
dalinti
186/2
hei ban
lenta
xiao yuan
mokyklos kiemas
lao shi
mokytojas
zhi
popierius
shu xie
rašyti
gang bi
rašiklis
ban gong zhuo
rašomasis stalas
zhi chi
liniuotė
shu
knyga
xue sheng
mokinys

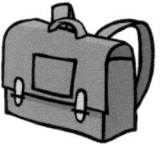

shu bao

kuprinė

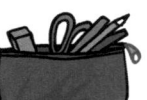

qian bi he

penalas

qian bi

pieštukas

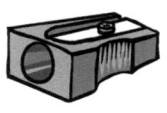

juan bi dao

drožtukas

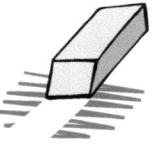

xiang pi ca

trintukas

hua ban

piešimo bloknotas

tu hua

piešinys

hua bi

teptukas

yan liao he

dažų dėžutė

jian dao

žirklės

jiao shui

klijai

lian xi ce

vadovėlis

jia ting zuo ye

namų darbai

shu zi

numeris

jia

pridėti

jian

atimti

cheng

dauginti

ji suan

skaičiuoti

zi mu

raidė

zi mu biao

abėcėlė

zi

žodis

ke wen

tekstas

du

skaityti

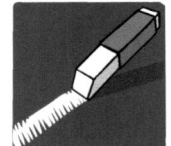

fen bi

kreida

shang ke

pamoka

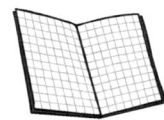

deng ji

dienynas

kao shi

egzaminas

zheng shu

pažymėjimas

xiao fu

mokyklinė uniforma

jiao yu

išsilavinimas

bai ke quan shu

enciklopedija

da xue

universitetas

xian wei jing

mikroskopas

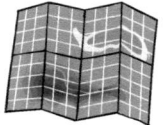

di tu

žemėlapis

fei zhi kuang

šiukšliadėžė

lü xing
kelionė

jiu dian
viešbutis
Grand
qing nian lü xing she
svečių namai
ROOMS
wai bi dui huan chu
valiutos keitykla
CHANGE
shou ti xiang
lagaminas
qi che
mašina

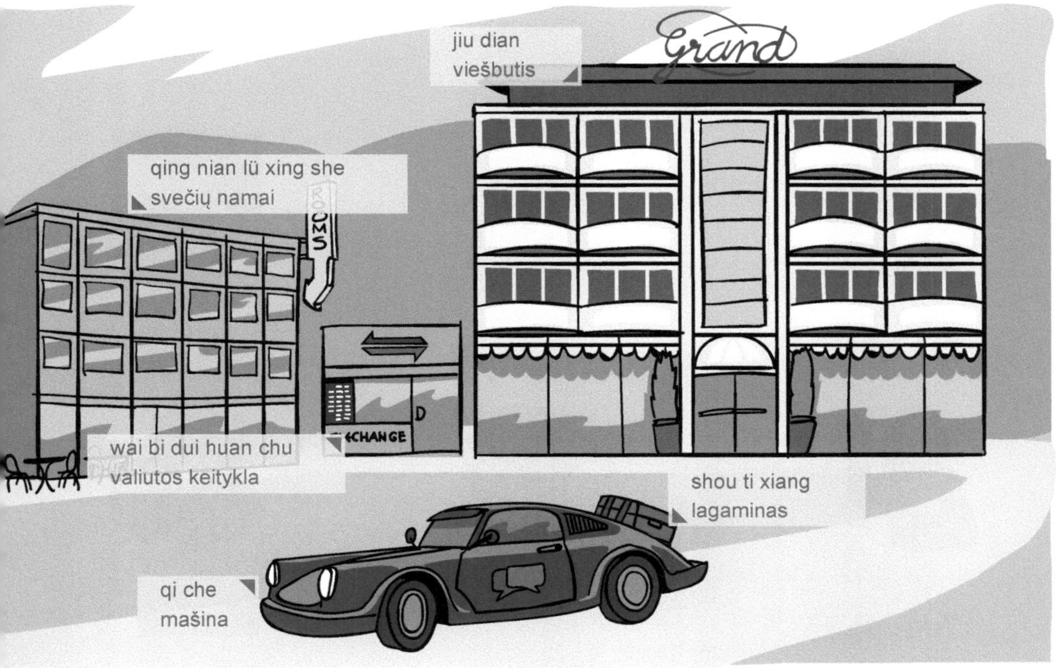

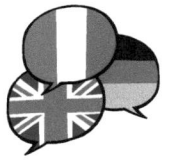

yu yan
kalba

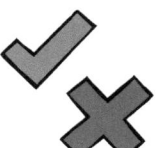

shi/fou
taip / ne

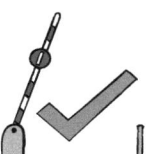

hao de
Gerai

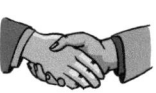

nin hao
sveiki

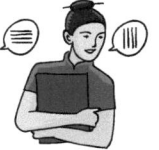

fan yi yuan
vertėjas raštu

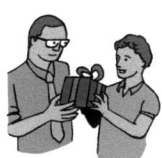

xie xie
Ačiū

......duo shao qian?

kiek kainuoja...?

wo bu ming bai

aš nesuprantu

wen ti

problema

wan shang hao!

Labas vakaras!

zao shang hao!

Labas rytas!

wan an!

Labos nakties!

zai jian

viso gero

fang xiang

kryptis

xing li

bagažas

bao

krepšys

shuang jian bao

kuprinė

ke ren

svečias

fang jian

kambarys

shui dai

miegmaišis

zhang peng

palapinė

lü you xin xi

turizmo informacija

hai tan

paplūdimys

xin yong ka

kreditinė kortelė

zao can

pusryčiai

wu can

pietūs

wan can

vakarienė

piao

bilietas

dian ti

liftas

you piao

pašto ženklas

bian jie

siena

hai guan

muitinė

da shi guan

ambasada

qian zheng

viza

hu zhao

pasas

jiao tong yun shu

transportas

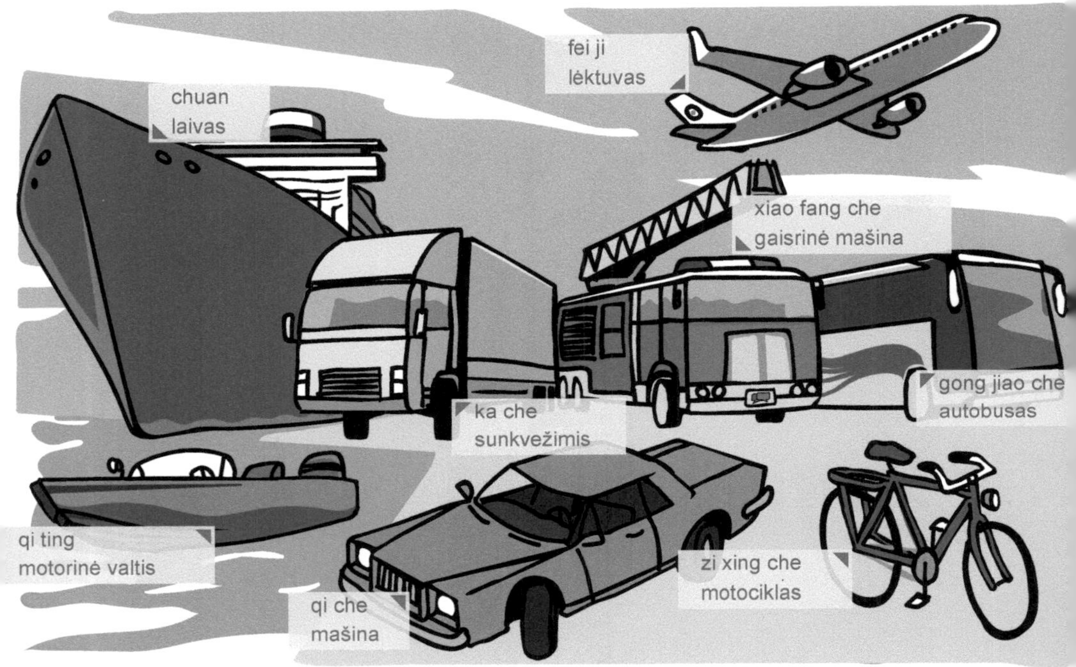

fei ji
lėktuvas
chuan
laivas
xiao fang che
gaisrinė mašina
gong jiao che
autobusas
ka che
sunkvežimis
qi ting
motorinė valtis
zi xing che
motociklas
qi che
mašina

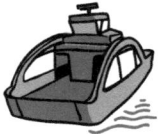

bai du chuan

keltas

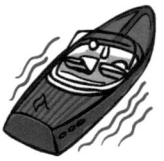

xiao chuan

valtis

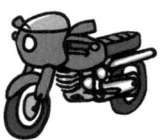

mo tuo che

mopedas

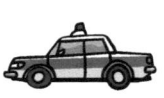

jing che

policijos automobilis

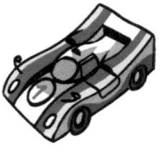

sai che

lenktyninis automobilis

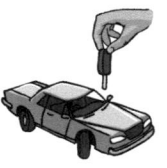

zu che

nuomojamas automobilis

pin che
....
bendras automobilio
naudojimas

tuo che
....
techninės pagalbos
automobilis

la ji che
....
šiukšliavežė

fa dong ji
....
variklis

qi you
....
degalai

jia you zhan
....
degalinė

jiao tong biao zhi
....
kelio ženklas

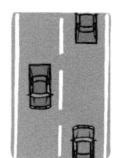

jiao tong
....
eismas

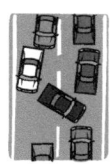

jiao tong du sai
....
eismo spūstis

ting che chang
....
mašinų stovėjimo aikštelė

huo che zhan
....
traukinių stotis

gui dao
....
bėgiai

huo che
....
traukinys

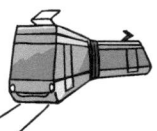

dian che
....
tramvajus

huo che
....
vagonas

zhi sheng ji

sraigtasparnis

ji chang

oro uostas

ta

bokštas

cheng ke

keleivis

ji zhuang xiang

konteineris

zhi ban xiang

dėžė

shou tui che

vežimėlis

lan zi

krepšys

qi fei/jiang luo

pakilti / nusileisti

cheng shi

miestas

cun zhuang

kaimas

shi zhong xin

miesto centras

fang zi

namas

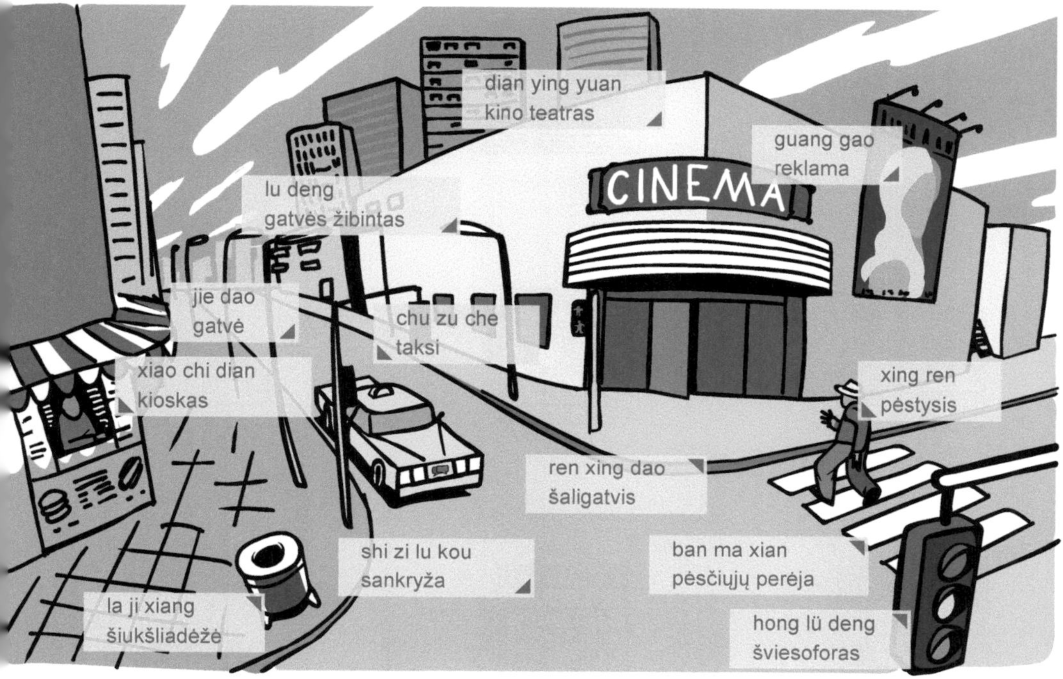

dian ying yuan
kino teatras

guang gao
reklama

lu deng
gatvės žibintas

CINEMA

jie dao
gatvė

chu zu che
taksi

xiao chi dian
kioskas

xing ren
pėstysis

ren xing dao
šaligatvis

shi zi lu kou
sankryža

ban ma xian
pėsčiųjų perėja

la ji xiang
šiukšliadėžė

hong lü deng
šviesoforas

xiao wu

trobelė

gong yu

butas

huo che zhan

traukinių stotis

shi zheng ting

rotušė

bo wu guan

muziejus

xue xiao

mokykla

da xue

universitetas

yin hang

bankas

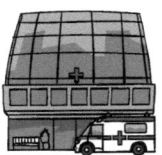

yi yuan

ligoninė

jiu dian

viešbutis

yao fang

vaistinė

ban gong shi

biuras

shu dian

knygynas

shang dian

parduotuvė

hua dian

gėlių parduotuvė

chao shi

prekybos centras

shi chang

turgus

bai huo shang dian

universalinė parduotuvė

yu dian

žuvies parduotuvė

gou wu zhong xin

prekybos centras

hai gang

uostas

gong yuan

parkas

chang deng

suoliukas

qiao

tiltas

lou ti

laiptai

di tie

metro

sui dao

tunelis

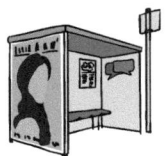

gong jiao che zhan

autobusų stotelė

jiu ba

baras

can guan

restoranas

you tong

lauko pašto dėžutė

lu biao

kelio ženklas

ting che ji shi qi

parkomatas

dong wu yuan

zoologijos sodas

you yong guan

baseinas

qing zhen si

mečetė

nong chang

ūkininko ūkis

wu ran

tarša

mu di

kapinės

jiao tang

bažnyčia

cao chang

žaidimų aikštelė

si miao

šventykla

di xing

kraštovaizdis

shu ye
lapas

zhi shi pai
kelio rodyklė

lu
kelias

cao di
pieva

shi tou
akmuo

shu
medis

tu bu lü xing zhe
ėjikas

he
upė

cao
žolė

hua
gėlė

xia gu

slėnis

shan

kalva

hu

ežeras

sen lin

miškas

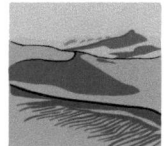

sha mo

dykuma

huo shan

ugnikalnis

cheng bao

pilis

cai hong

vaivorykštė

mo gu

grybas

zong lü shu

palmė

wen zi

uodas

cang ying

musė

ma yi

skruzdėlė

mi feng

bitė

zhi zhu

voras

jia chong

vabalas

qing wa

varlė

song shu

voverė

ci wei

ežys

ye tu

kiškis

mao tou ying

pelėda

niao

paukštis

tian e

gulbė

ye zhu

šernas

lu

elnias

mi lu

briedis

shui ba

užtvanka

feng li fa dian ji

vėjo jėgainė

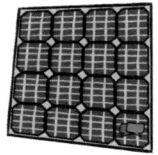

tai yang neng dian chi ban

saulės baterija

qi hou

klimatas

fu wu yuan
padavėjas

cai dan
meniu

yi zi
kėdė

tang
sriuba

pi sa bing
pica

zhuo bu
staltiesė

can ju
stalo įrankiai

qian cai

užkandis

zhu cai

pagrindinis patiekalas

tian dian

desertas

yin liao

gėrimai

shi wu

maistas

ping zi

butelis

kuai can

greitai pateikiamas maistas

jie bian xiao chi

gatvės maistas

cha hu

arbatinukas

tang he

cukrinė

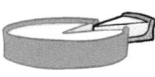

yi fen fan cai

porcija

yi shi ka fei ji

espreso aparatas

gao jiao yi

aukšta kėdė

zhang dan

sąskaita

tuo pan

padėklas

dao

peilis

can cha

šakutė

shao zi

šaukštas

cha chi

arbatinis šaukštelis

can jin

servetėlė

bo li bei

stiklinė

die zi

lėkštė

tang pan

sriubos lėkštė

die zi

padėklas

jiang

padažas

yan ping

druskinė

hu jiao mo

pipirų malūnėlis

cu

actas

shi yong you

aliejus

tiao wei liao

prieskoniai

fan qie jiang

kečupas

jie mo

garstyčios

dan huang jiang

majonezas

chao shi
prekybos centras

te jia
specialus pasiūlymas
FOR
gu ke
pirkėjas
ru zhi pin
pieno produktai
shui guo
vaisiai
gou wu che
troleibusas

BUTCHERS

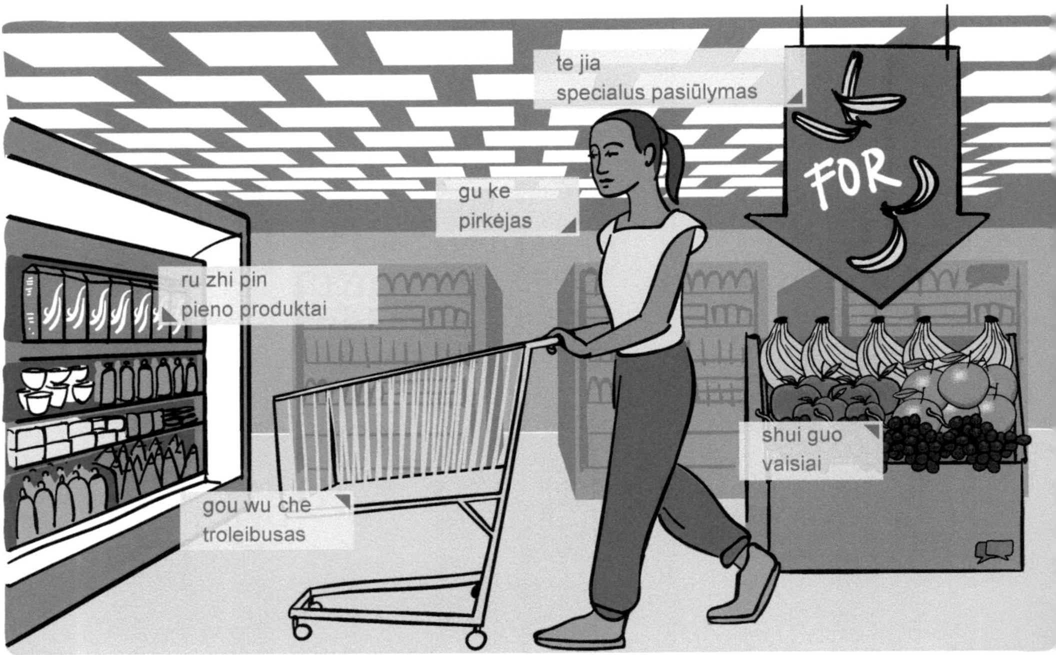

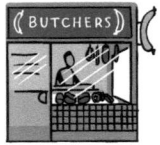

rou pu

mėsos parduotuvė

BAKERY

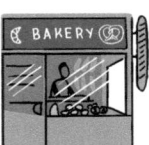

mian bao fang

kepykla

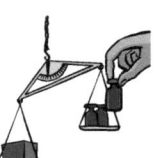

cheng zhong

sverti

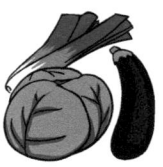

shu cai

daržovės

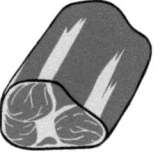

rou

mėsa

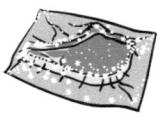

leng dong shi pin

šaldytas maistas

leng pan

šalti mėsos užkandžiai

guan tou shi pin

konservai

xi yi fen

skalbimo milteliai

tian shi

saldumynai

ri yong pin

ūkinės prekės

qing jie yong pin

valymo priemonės

xiao shou yuan

pardavėja

shou yin ji

kasos aparatas

shou yin yuan

kasininkas

gou wu qing dan

pirkinių sąrašas

kai fang shi jian

darbo valandos

qian bao

piniginė

xin yong ka

kreditinė kortelė

dai zi

maišelis

su liao dai

plastikinis maišelis

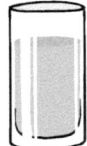

shui

vanduo

guo zhi

sultys

niu nai

pienas

ke le

kola

hong jiu

vynas

pi jiu

alus

jiu

alkoholis

ke ke

kakava

cha

arbata

ka fei

kava

yi shi nong suo ka fei

espresas

ka bu qi nuo

kapučinas

xiang jiao

bananas

ping guo

obuolys

cheng zi

apelsinas

xi gua

arbūzas

ning meng

citrina

hu luo bo

morka

da suan

česnakas

zhu zi

bambukas

yang cong

svogūnas

mo gu

grybas

jian guo

riešutai

mian tiao

makaronai

yi da li mian tiao

spagečiai

mi fan

ryžiai

sha la

salotos

shu tiao

traškučiai

zha tu dou

keptos bulvės

pi sa bing

pica

han bao bao

mėsainis

san ming zhi

sumuštinis

zha zhu pai

pjausnys

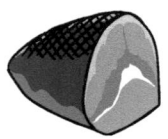

huo tui

kumpis

sa la mi

saliamis

xiang chang

dešrelė

ji rou

vištiena

kao rou

kepsnys

yu

žuvis

yan mai pian

avižų dribsniai

mu zi li

dribsniai su priedais

yu mi pian

kukurūzų dribsniai

mian fen

miltai

yang jiao mian bao

prancūziškasis ragelis

mian bao juan

bandelė

mian bao

duona

kao mian bao

skrebutis

bing gan

sausainiai

huang you

sviestas

ning ru

varškė

dan gao

tortas

dan

kiaušinis

jian dan

kiaušinienė

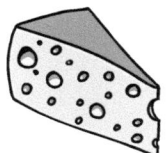

nai lao

sūris

bing ji lin

ledai

tang

cukrus

feng mi

medus

guo jiang

uogienė

qiao ke li jiang

tepamas šokoladas

ga li fan

karis

nong chang
ūkininko ūkis

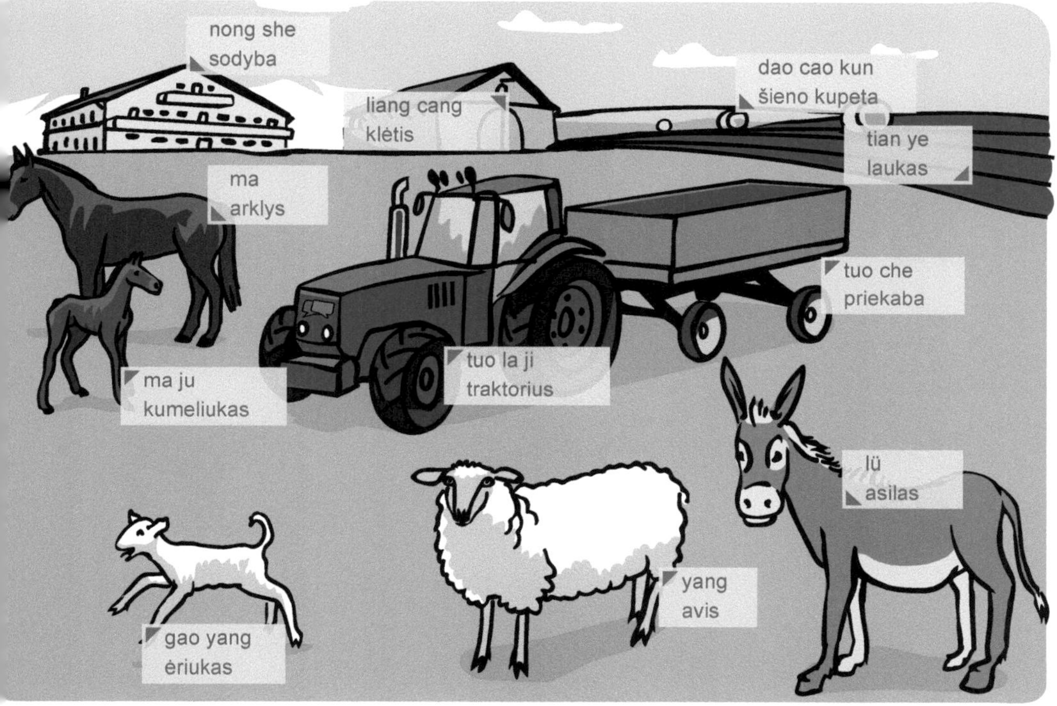
nong she
sodyba
liang cang
klėtis
dao cao kun
šieno kupeta
tian ye
laukas
ma
arklys
tuo che
priekaba
ma ju
kumeliukas
tuo la ji
traktorius
lü
asilas
yang
avis
gao yang
ėriukas

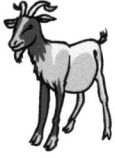

shan yang
ožys

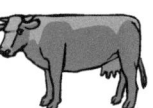

nai niu
karvė

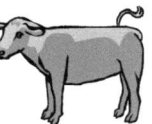

niu du
veršis

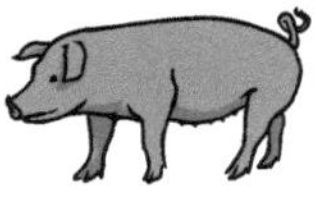

zhu
kiaulė

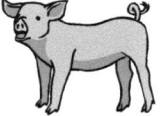

xiao zhu
paršelis

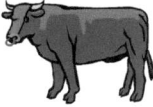

gong niu
bulius

e

žąsis

ya

antis

xiao ji

viščiukas

mu ji

višta

gong ji

gaidys

shu

žiurkė

mao

katė

lao shu

pelė

niu

jautis

gou

šuo

gou wu

šuns būda

hua yuan jiao shui ruan guan

sodo namas

sa shui hu

laistytuvas

chang bing da lian dao

dalgis

li

plūgas

28   nong chang - ūkininko ūkis

lian dao

pjautuvas

chu tou

kauptukas

chang bing cao pa

šakės

fu tou

kirvis

du lun shou tui che

statinė

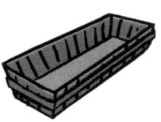

si liao cao

lovys

niu nai guan

bidonas

ma bu dai

maišas

zha lan

tvora

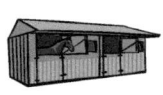

ma jiu

arklidė

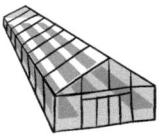

wen shi

šiltnamis

tu rang

dirva

zhong zi

sėkla

fei liao

trąšos

lian he shou ge ji

kombainas

shou ge

rinkti

shou ge

derlius

shan yao

saldžiosios bulvės

xiao mai

kviečiai

da dou

soja

tu dou

bulvė

yu mi

kukurūzai

you cai zi

rapsai

guo shu

vaismedis

shu shu

manijokas

gu wu

grūdai

fang zi
namas

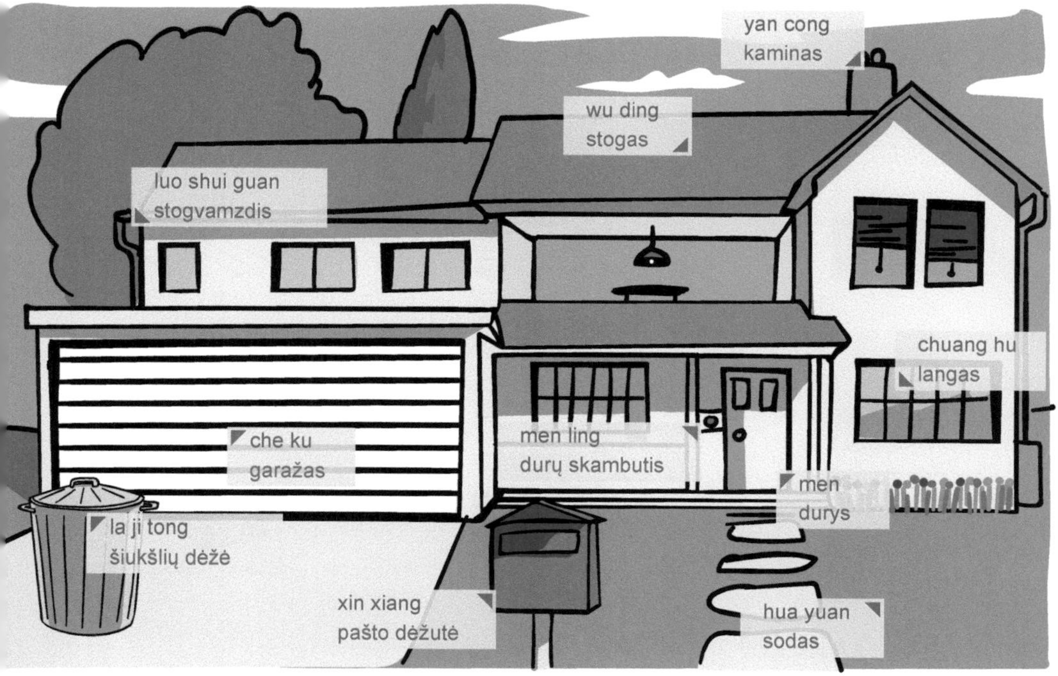

yan cong
kaminas
wu ding
stogas
luo shui guan
stogvamzdis
chuang hu
langas
che ku
garažas
men ling
durų skambutis
men
durys
la ji tong
šiukšlių dėžė
xin xiang
pašto dėžutė
hua yuan
sodas

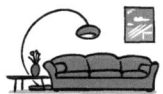

ke ting

svetainė

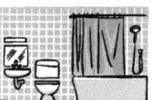

yu shi

vonios kambarys

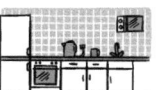

chu fang

virtuvė

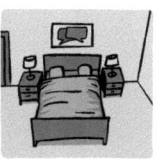

wo shi

miegamasis

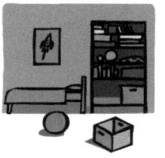

er tong fang

vaiko kambarys

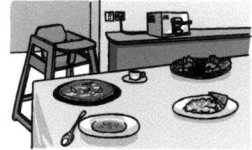

can ting

valgomasis

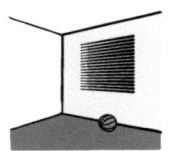

di ban

grindys

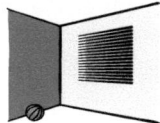

qiang bi

siena

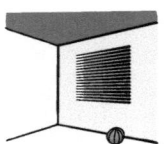

diao ding

lubos

di jiao

rūsys

sang na

sauna

yang tai

balkonas

lu tai

terasa

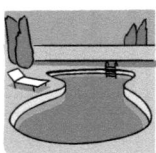

you yong chi

baseinas

ge cao ji

žoliapjovė

bei dan

paklodė

chuang zhao

lovatiesė

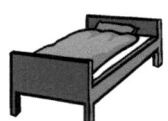

chuang

lova

sao zhou

šluota

shui tong

kibiras

kai guan

jungiklis

ke ting
svetainė

bi zhi
tapetai
zhao pian
nuotrauka
tai deng
šviestuvas
ge jia
lentyna
chu gui
spintelė
dian shi ji
televizorius
bi lu
židinys
hua
gėlė
dian zi
pagalvėlė
sha fa
sofa
hua ping
vaza
yao kong qi
nuotolinio valdymo pultelis

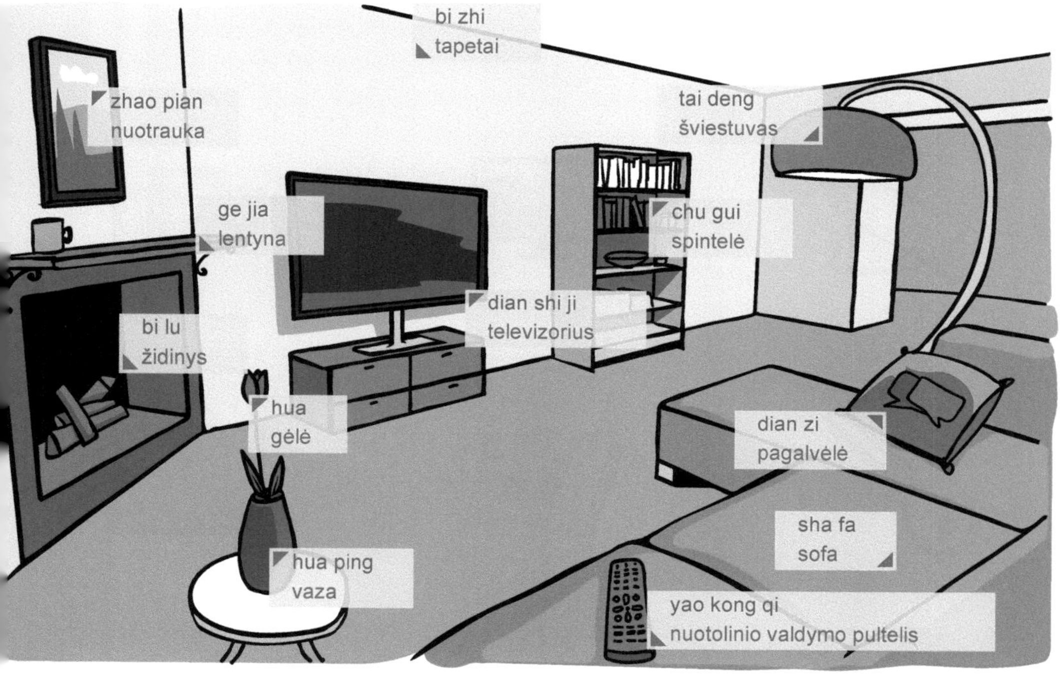

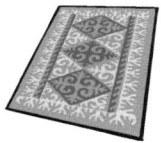

di tan

kilimas

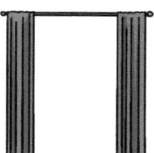

chuang lian

užuolaida

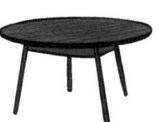

can zhuo

stalas

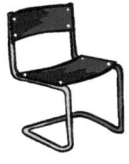

yi zi

kėdė

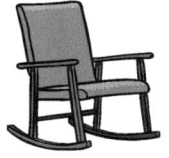

yao yi

supamasis krėslas

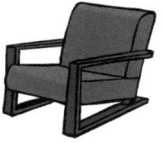

fu shou yi

fotelis

shu

knyga

tan zi

antklodė

zhuang shi pin

papuošimai

mu chai

malkos

dian ying

filmas

gao bao zhen yin xiang

stereo aparatūra

yao shi

raktas

bao zhi

laikraštis

you hua

paveikslas

hai bao

plakatas

shou yin ji

radijas

bi ji ben

užrašų knygelė

xi chen qi

dulkių siurblys

xian ren zhang

kaktusas

la zhu

žvakė

chu fang
virtuvė

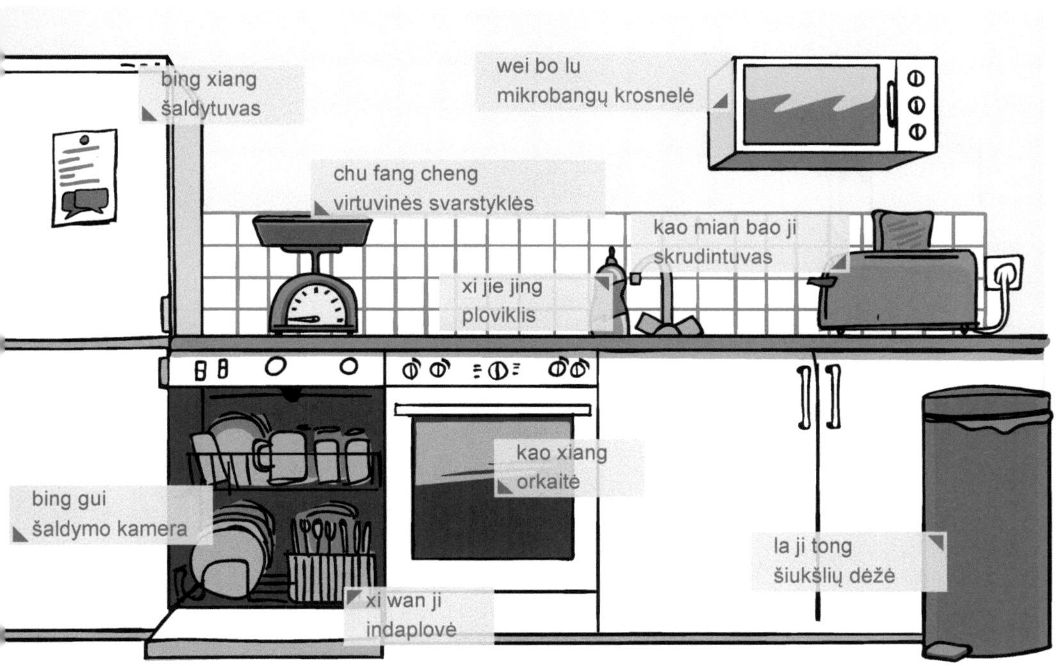

bing xiang
šaldytuvas
wei bo lu
mikrobangų krosnelė
chu fang cheng
virtuvinės svarstyklės
kao mian bao ji
skrudintuvas
xi jie jing
ploviklis
kao xiang
orkaitė
bing gui
šaldymo kamera
la ji tong
šiukšlių dėžė
xi wan ji
indaplovė

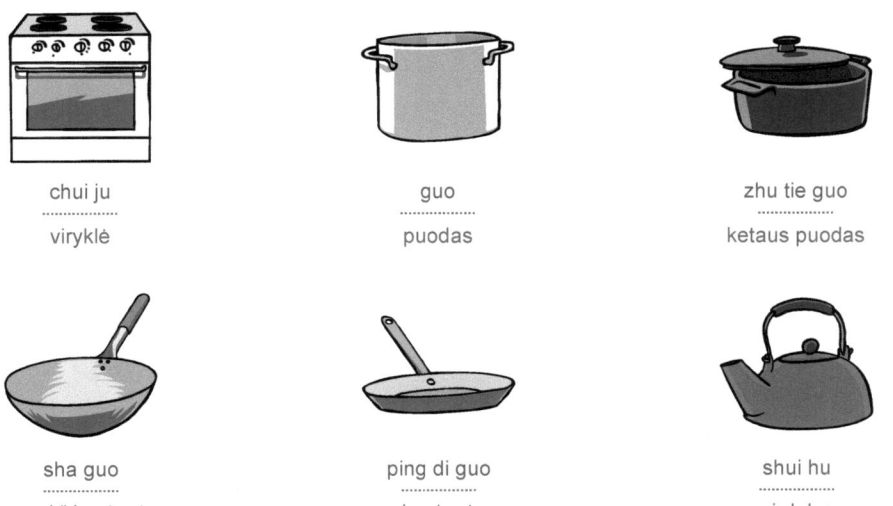

chui ju
viryklė

guo
puodas

zhu tie guo
ketaus puodas

sha guo
„wok" keptuvė

ping di guo
keptuvė

shui hu
virdulys

zheng guo

garų puodas

kao pan

kepimo skarda

tao ci guo

porceliano indai

ma ke bei

puodelis

wan

dubuo

kuai zi

valgomosios lazdelės

chang bing shao

samtis

chan zi

mentelė

jiao ban qi

plaktuvas

lü wang

koštuvas

shai zi

sietas

mo sui ji

trintuvė

yan bo

grūstuvė

shao kao

kepsninė

ming huo

atvira liepsna

cai ban

pjaustymo lentelė

gan mian zhang

kočėlas

kai ping qi

kamščiatraukis

guan zi

skardinė

kai ping qi

skardinių atidarytuvas

ge re shou tao

puodkėlė

shui cao

kriauklė

shua zi

šepetys

hai mian

kempinė

jiao ban ji

trintuvas

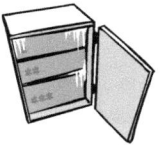

leng cang xiang

šaldiklis

nai ping

kūdikių buteliukas

shui long tou

čiaupas

yu shi

vonios kambarys

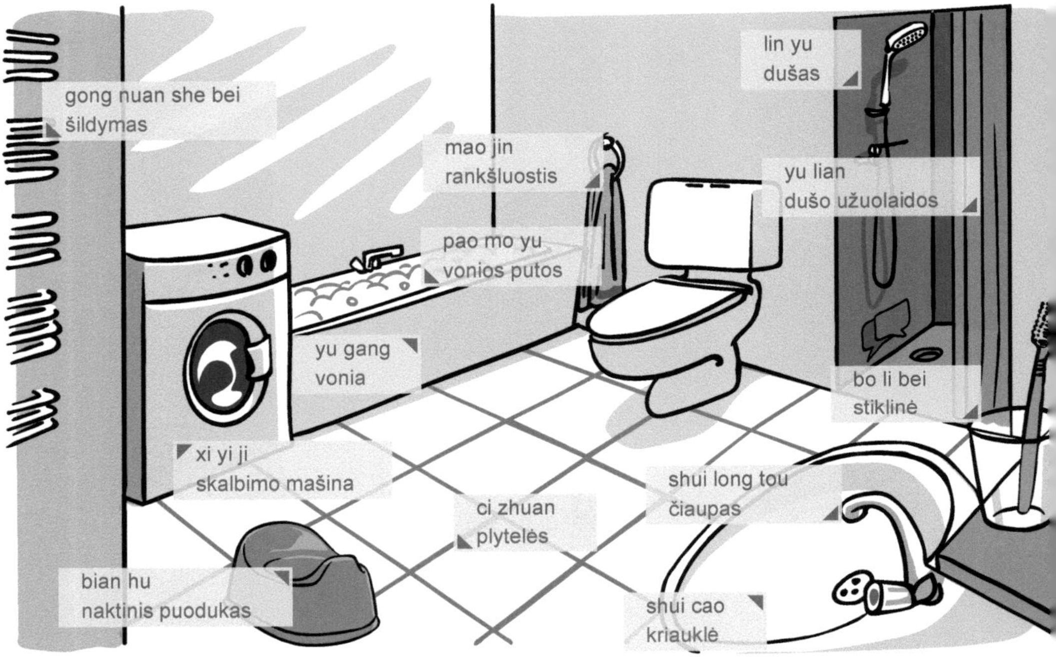

gong nuan she bei
šildymas
mao jin
rankšluostis
lin yu
dušas
yu lian
dušo užuolaidos
pao mo yu
vonios putos
yu gang
vonia
bo li bei
stiklinė
xi yi ji
skalbimo mašina
shui long tou
čiaupas
ci zhuan
plytelės
bian hu
naktinis puodukas
shui cao
kriauklė

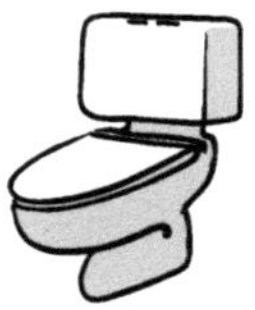

ce suo

unitazas

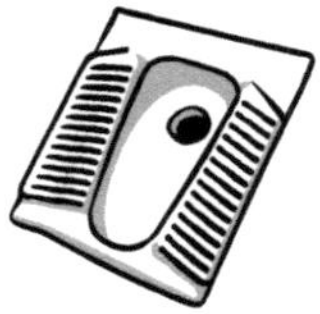

dun bian qi

tupimasis unitazas

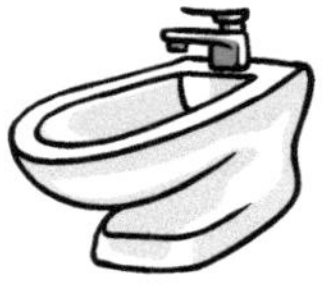

zuo yu qi

bidė

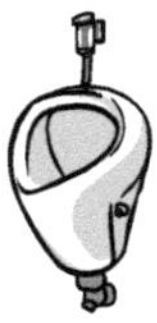

xiao bian chi

pisuaras

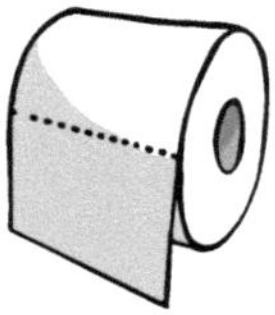

ce zhi

tualetinis popierius

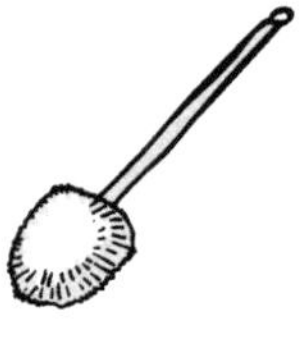

ma tong shua

unitazo šepetys

ya shua

dantų šepetėlis

ya gao

dantų pasta

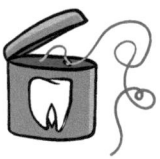

ya xian

dantų siūlas

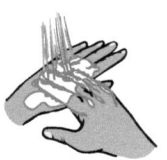

xi

plauti

shou chi shi pen lin tou

dušo galvutė

chong xi qi

higieninis dušas

xi lian pen

praustuvas

ca bei shua

nugaros plaušinė

fei zao

muilas

mu yu lu

dušo želė

xi fa shui

šampūnas

fa lan rong

plaušinė

pai shui

kanalizacija

ru shuang

kremas

chu chou ji

dezodorantas

jing zi

veidrodis

shou jing

veidrodėlis

ti xu dao

skustuvas

ti xu pao mo

skutimosi putos

xu hou shui

losjonas po skutimosi

shu zi

šukos

shua zi

šepetys

chui feng ji

plaukų džiovintuvas

pen fa ding xing ji

plaukų lakas

hua zhuang pin

makiažas

chun gao

lūpdažis

zhi jia you

nagų lakas

hua zhuang mian

vata

zhi jia jian

žirklutės nagams

xiang shui

kvepalai

yu shi - vonios kambarys

xi shu bao

maišelis skalbiniams

deng zi

taburetė

ji zhong cheng

svarstyklės

yu pao

chalatas

xiang jiao shou tao

guminės pirštinės

wei sheng mian tiao

tamponas

wei sheng jin

higieninis įklotas

hua xue ce suo

biotualetas

er tong fang
vaiko kambarys

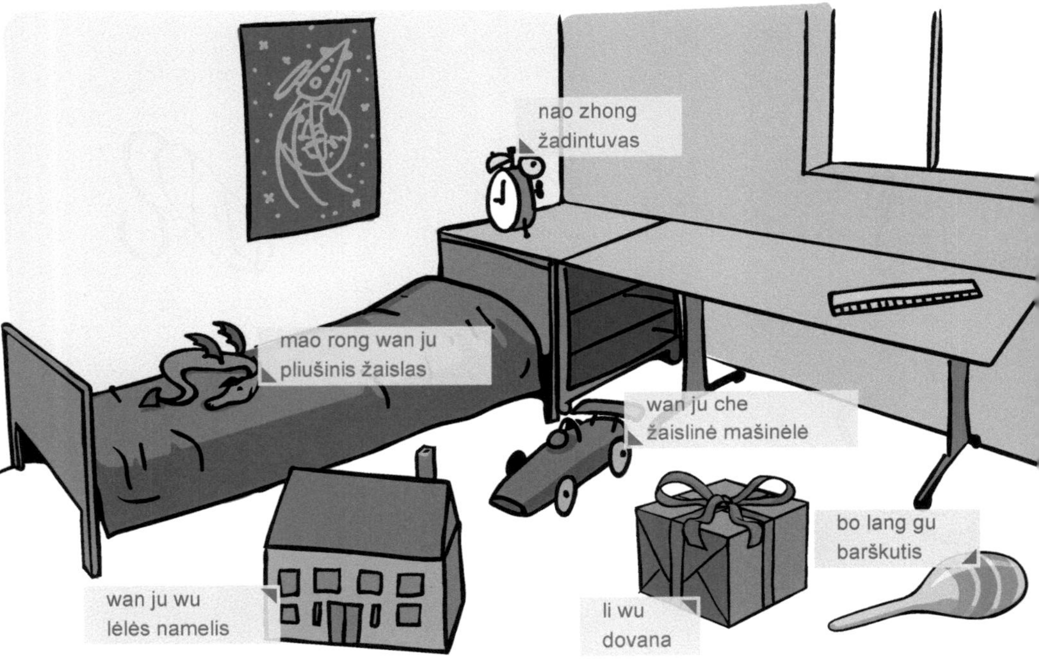
nao zhong
žadintuvas
mao rong wan ju
pliušinis žaislas
wan ju che
žaislinė mašinėlė
bo lang gu
barškutis
wan ju wu
lėlės namelis
li wu
dovana

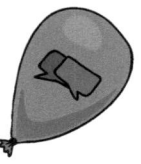

qi qiu

balionas

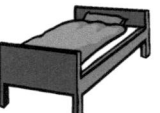

chuang

lova

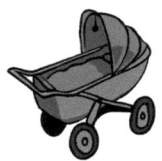

(yang wa wa yong)ying er che

vaikiškas vežimėlis

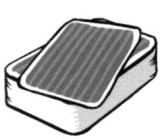

pu ke pai

kortų malka

pin tu

delionė

SUPER
MEGA

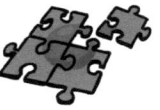

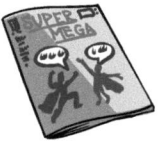

man hua

komiksai

le gao ji mu

lego kaladėlės

ji mu wan ju

žaislinės kaladėlės

wan ju ren

figūrėlė

ying er fu

šliaužtinukai

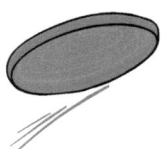

fei pan

mėtymo lėkštė

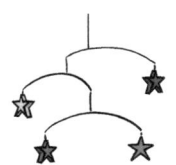

chuang ling wan ju

karuselė

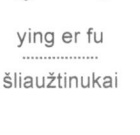

qi pan you xi

stalo žaidimas

shai zi

kauliukai

huo che mo xing

žaislinis traukinys

an fu nai zui

žindukas

ju hui

vakarėlis

hui ben

paveiksliukų knygelė

qiu

kamuolys

yang wa wa

lėlė

wan

žaisti

sha keng

smėlio dėžė

qiu qian

sūpynės

wan ju

žaislai

you xi ji

žaidimų konsolė

san lun che

triratukas

tai di xiong

meškiukas

yi chu

drabužių spinta

yi fu

drabužis

wa zi

kojinės

chang wa

kojinės virš kelių

jin shen ku

pėdkelnės

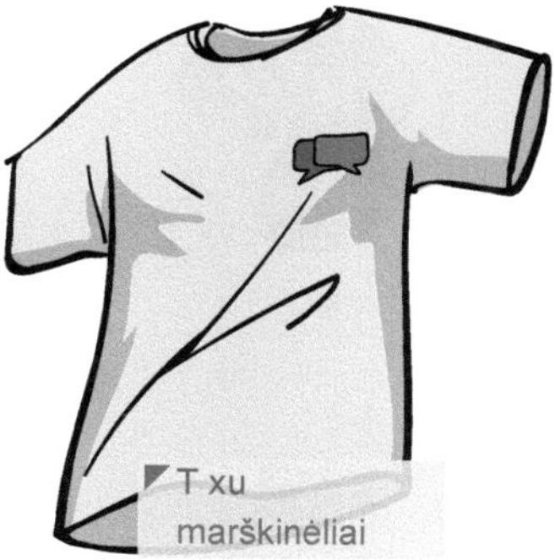

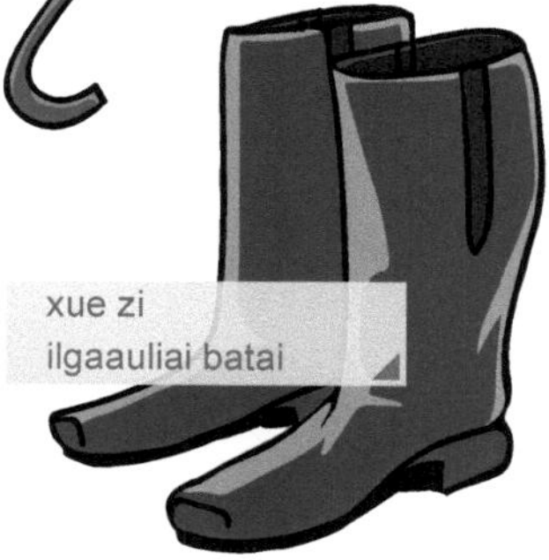

wei jin
šalikas

pi dai
diržas

yu san
skėtis

T xu
marškinėliai

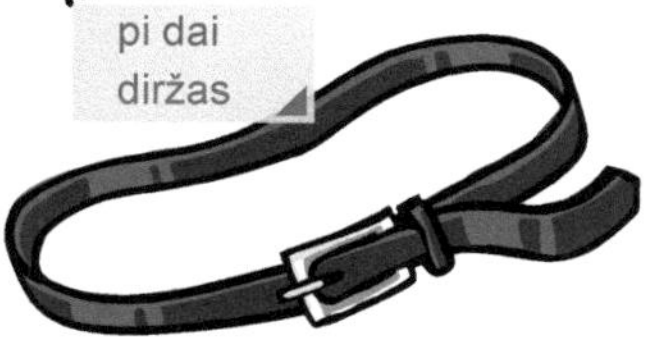

xue zi
ilgaauliai batai

tuo xie
šlepetės

yun dong xie
sportbačiai

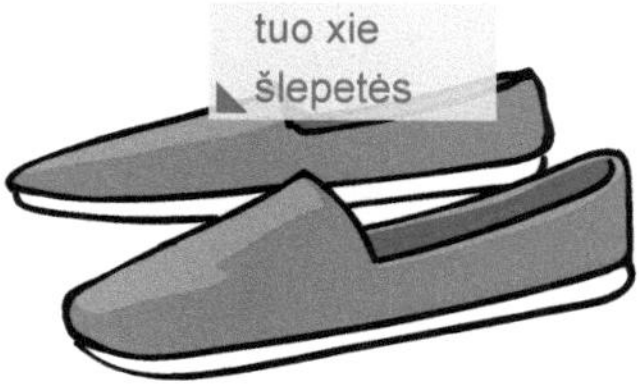

liang xie
sandalai

xie
batai

yu xue
guminiai batai

nei ku
trumpikės

xiong zhao
liemenėlė

bei xin
liemenė

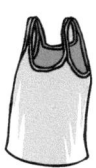

shen ti

glaustinukė

ku zi

kelnės

niu zai ku

džinsai

duan qun

sijonas

nü shi chen shan

palaidinė

chen shan

marškiniai

tao tou shan

megztinis

wei yi

megztinis su gobtuvu

xi zhuang jia ke

švarkelis

jia ke

švarkas

wai tao

paltas

yu yi

lietpaltis

tao zhuang

kostiumas

lian yi qun

suknelė

hun sha

vestuvinė suknelė

xi zhuang

kostiumas

shui pao

naktiniai marškiniai

shui yi

pižama

sha li

saris

tou jin

skarelė

bao tou jin

tiurbanas

bo ka

burka

ka fu tan

kaftanas

(a la bo shi)chang pao

abaja

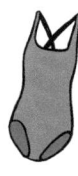

yong yi

maudymosi kostiumėlis

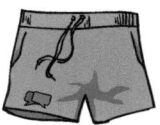

nan shi yong ku

glaudės

duan ku

šortai

yun dong fu

sportinis kostiumas

wei qun

prijuostė

shou tao

pirštinės

niu kou

saga

yan jing

akiniai

shou lian

apyrankė

xiang lian

vėrinys

jie zhi

žiedas

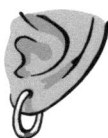

er huan

auskaras

bian mao

kepurė

yi jia

pakabas

mao zi

skrybėlė

ling dai

kaklaraištis

la lian

užtrauktukas

tou kui

šalmas

bei dai

breketai

xiao fu

mokyklinė uniforma

zhi fu

uniforma

wei dou

seilinukas

an fu nai zui

žindukas

niao bu shi

vystyklai

ban gong shi
biuras

fu wu qi
serveris

wen jian gui
dokumentų spinta

da yin ji
spausdintuvas

xian shi ping
vaizduoklis

zhi
popierius

ban gong zhuo
rašomasis stalas

shu biao
pelė

wen jian jia
aplankas

jian pan
klaviatūra

fei zhi kuang
šiukšliadėžė

dian nao
kompiuteris

yi zi
kėdė

ka fei bei

kavos puodelis

ji suan qi

kalkuliatorius

yin te wang

internetas

bi ji ben dian nao

nešiojamasis kompiuteris

xin jian

laiškas

xiao xi

žinutė

shou ji

mobilusis telefonas

wang luo

tinklas

fu yin ji

fotokopijavimo aparatas

ruan jian

programinė įranga

dian hua

telefonas

cha zuo

kištukinis lizdas

chuan zhen ji

faksas

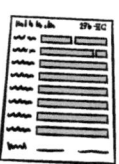

biao ge

forma

wen jian

dokumentas

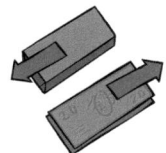

mai

pirkti

fu qian

mokėti

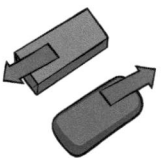

jiao yi

prekiauti

xian jin

pinigai

 **USD**

mei yuan

doleris

 **EUR**

ou yuan

euras

 **JPY**

ri yuan

jena

 **RUB**

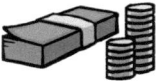

lu bu

rublis

 **CHF**

rui shi fa lang

Šveicarijos frankas

 **CNY**

ren min bi

juanis

 **INR**

lu bi

rupija

ti kuan chu

bankomatas

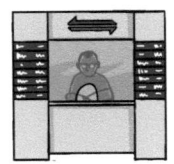

wai bi dui huan chu

valiutos keitykla

jin

auksas

yin

sidabras

shi you

nafta

neng yuan

energija

jia ge

kaina

he tong

sutartis

shui jin

mokestis

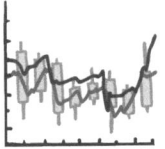

gu piao

akcijos

gong zuo

dirbti

zhi yuan

darbuotojas

lao ban

darbdavys

gong chang

gamykla

shang dian

parduotuvė

jing guan
policininkas

xiao fang yuan
ugniagesys

chu shi
virėjas

yi sheng
gydytojas

fei xing yuan
lakūnas

yuan ding

sodininkas

mu jiang

stalius

cai feng

siuvėja

fa guan

teisėjas

hua xue jia

chemikas

yan yuan

aktorius

gong jiao che si ji

autobuso vairuotojas

chu zu che si ji

taksi vairuotojas

yu fu

žvejys

qing jie nü gong

valytoja

wu ding gong

stogdengys

fu wu yuan

padavėjas

lie ren

medžiotojas

hua jia

dailininkas

mian bao shi

kepėjas

dian gong

elektrikas

jian zhu gong ren

statybininkas

gong cheng shi

inžinierius

tu fu

mėsininkas

shui guan gong

santechnikas

you di yuan

paštininkas

shi bing

kareivis

jian zhu shi

architektas

shou yin yuan

kasininkas

hua nong

gėlininkas

li fa shi

kirpėjas

shou piao yuan

konduktorius

ji xie shi

mechanikas

chuan zhang

kapitonas

ya yi

odontologas

ke xue jia

mokslininkas

la bi

rabinas

yi ma mu

imamas

he shang

vienuolis

mu shi

kunigas

gong ju
įrankiai

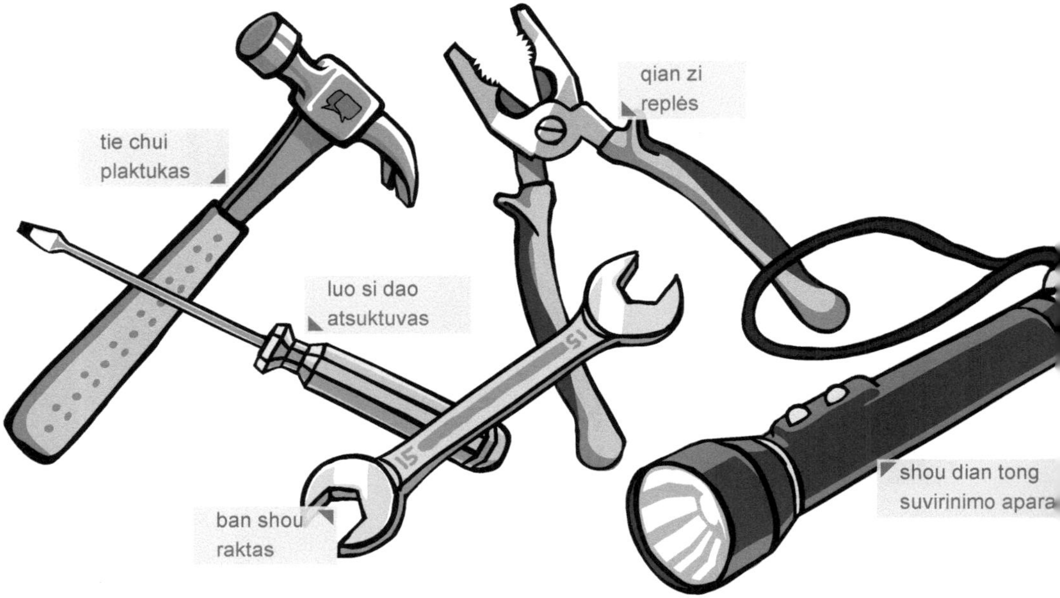
tie chui
plaktukas
qian zi
replės
luo si dao
atsuktuvas
ban shou
raktas
shou dian tong
suvirinimo apara

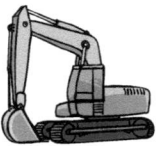

wa jue ji

ekskavatorius

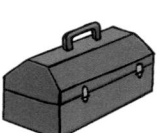

gong ju xiang

įrankių dėžė

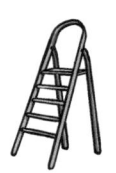

ti zi

kopėčios

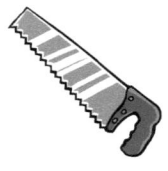

ju zi

pjūklas

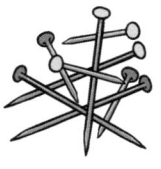

ding zi

vinys

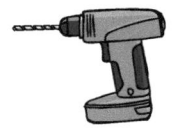

zuan ji

grąžtas

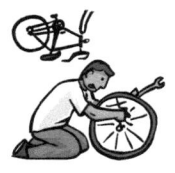

xiu

taisyti

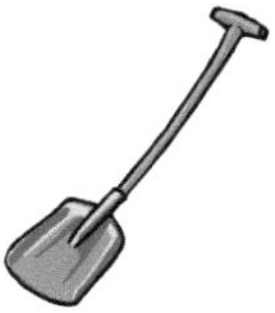

chan zi

kastuvas

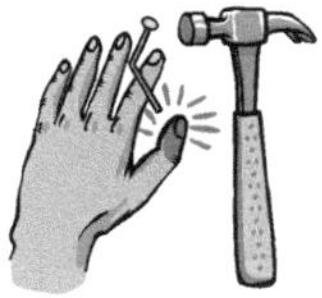

kao!

Velniava!

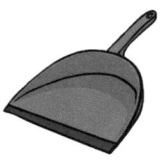

bo ji

semtuvėlis

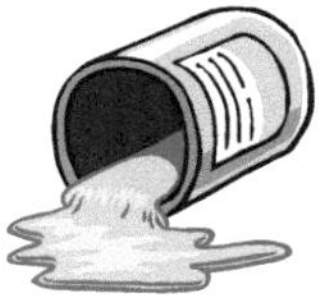

you qi tong

dažų skardinė

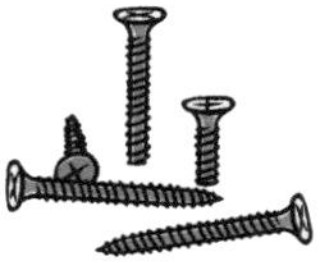

luo si

varžtai

yue qi
muzikos instrumentai

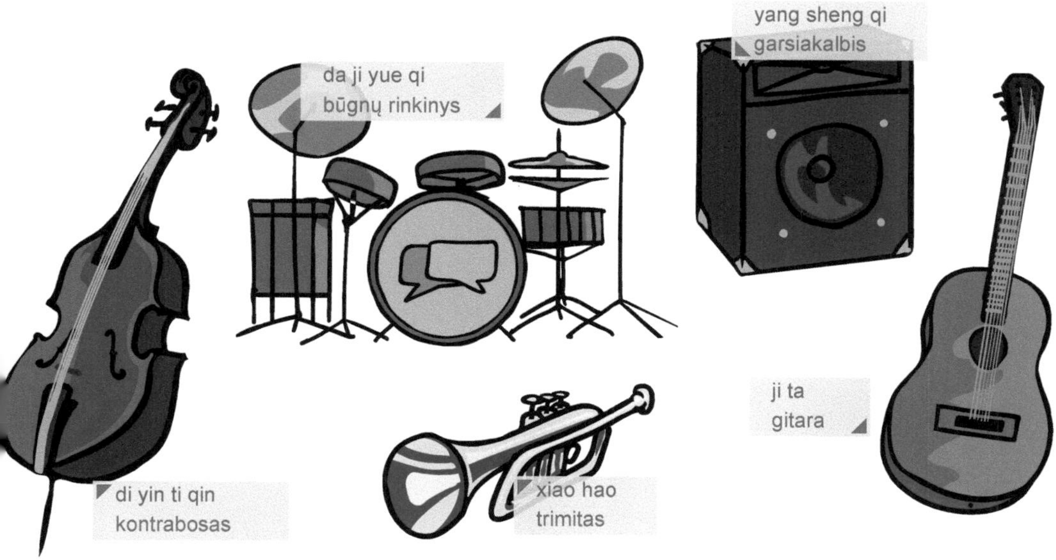
yang sheng qi
garsiakalbis
da ji yue qi
būgnų rinkinys
ji ta
gitara
di yin ti qin
kontrabosas
xiao hao
trimitas

gang qin

pianinas

xiao ti qin

smuikas

bei si

bosinė gitara

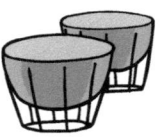

ding yin gu

timpanas

gu

būgnai

dian zi qin

sintezatorius

sa ke si guan

saksofonas

chang di

fleita

mai ke feng

mikrofonas

dong wu yuan
zoologijos sodas

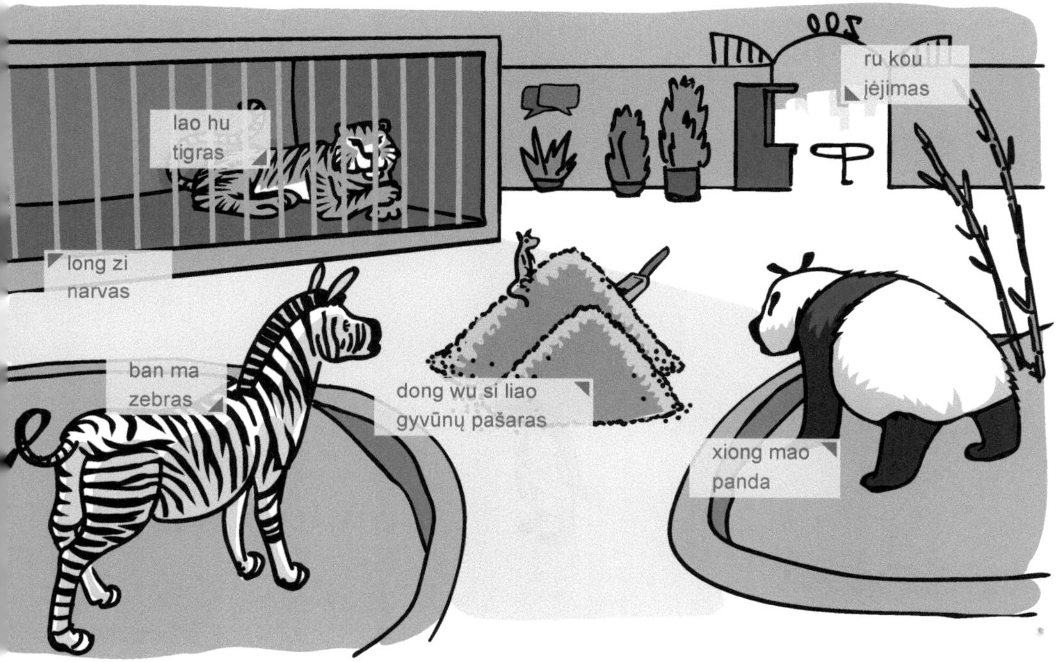
ru kou
įėjimas
lao hu
tigras
long zi
narvas
ban ma
zebras
dong wu si liao
gyvūnų pašaras
xiong mao
panda

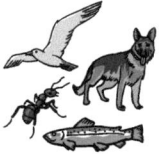

dong wu

gyvūnai

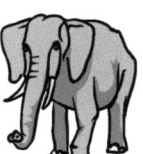

da xiang

dramblys

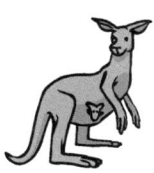

dai shu

kengūra

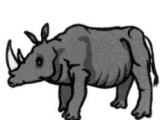

xi niu

raganosis

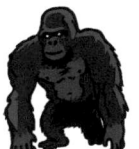

da xing xing

gorila

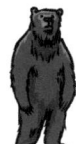

xiong

meška

luo tuo

kupranugaris

tuo niao

strutis

shi zi

liūtas

hou zi

beždžionė

huo lie niao

flamingas

ying wu

papūga

bei ji xiong

baltoji meška

qi e

pingvinas

sha yu

ryklys

kong que

povas

she

gyvatė

e yu

krokodilas

dong wu yuan guan li yuan

zoologijos sodo prižiūrėtojas

hai bao

ruonis

mei zhou bao

jaguaras

ai zhong ma

ponis

bao

leopardas

he ma

begemotas

chang jing lu

žirafa

lao ying

erelis

ye zhu

šernas

yu

žuvis

gui

vėžlys

hai xiang

vėplys

hu li

lapė

ling yang

gazelė

gan lan qiu
amerikietiškas futbolas

qi zi xing che
dviračių sportas

wang qiu
tenisas

lan qiu
krepšinis

you yong
plaukimas

bing qiu
ledo ritulys

quan ji
boksas

ying shi zu qiu

futbolas

yu mao qiu

badmintonas

tian jing

atletika

shou qiu

rankinis

hua xue

slidinėjimas

ma qiu

polas

tiao
šokinėti

yong bao
apkabinti

xiao
juoktis

zou lu
vaikščioti

chang
dainuoti

zuo meng
svajoti

qi dao
melstis

qin wen
bučiuoti

shu xie
rašyti

hua
piešti

zhan shi
rodyti

tui
stumti

gei
duoti

na
imti

you
turėti

zuo
daryti

dang
būti

zhan
stovėti

pao
bėgti

la
traukti

reng
mesti

shuai dao
kristi

tang
meluoti

deng dai
laukti

xie dai
nešti

zuo
sėdėti

chuan yi
rengtis

shui jiao
miegoti

xing lai
pabusti

kan

žiūrėti

ku

verkti

fu mo

glostyti

shu tou

šukuoti

jiao tan

kalbėti

ming bai

suprasti

wen

paklausti

ting

klausytis

he

gerti

chi

valgyti

qing li

tvarkytis

ai

mylėti

zuo fan

gaminti

kai che

vairuoti

fei

skristi

hang xing

buriuoti

ji suan

skaičiuoti

du

skaityti

xue xi

mokytis

gong zuo

dirbti

jie hun

vesti

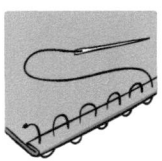

feng

siūti

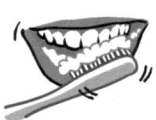

shua ya

valytis dantis

sha

žudyti

chou yan

rūkyti

ji

siųsti

zu mu
senelė

zu fu
senelis

fu qin
tėvas

mu qin
motina

ying tong
kūdikis

nü er
dukra

er zi
sūnus

ke ren

svečias

a yi

teta

shu shu

dėdė

xiong di

brolis

jie mei

sesuo

shen ti
kūnas

qian e
kakta
yan jing
akis
jian bang
petys
shou zhi
pirštas
lian
veidas
xia ba
smakras
shou
plaštaka
tui
koja
ru fang
krūtinė
shou bi
ranka

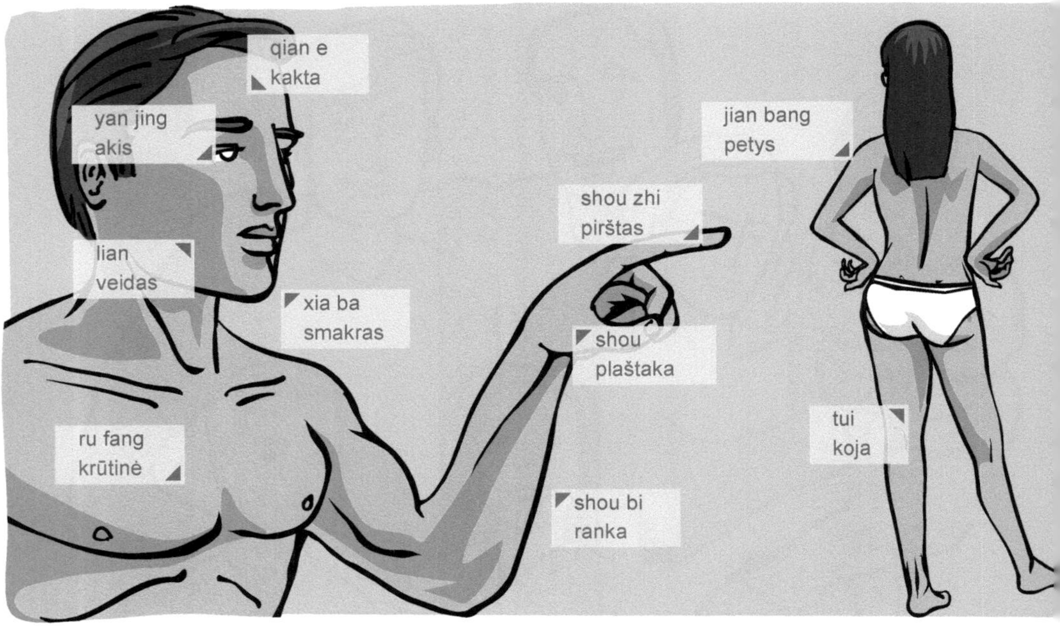

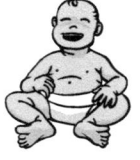

ying tong

kūdikis

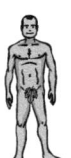

nan ren

vyras

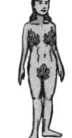

nü ren

moteris

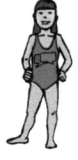

nü hai

mergaitė

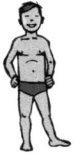

nan hai

berniukas

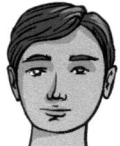

tou

galva

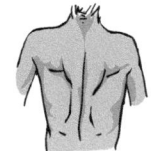

bei bu

nugara

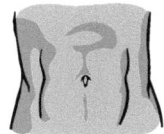

du zi

pilvas

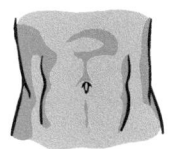

du qi

bamba

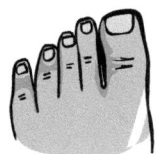

jiao zhi

kojos pirštas

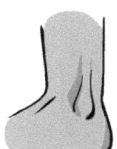

jiao hou gen

kulnas

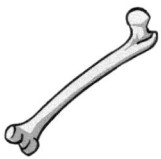

gu tou

kaulas

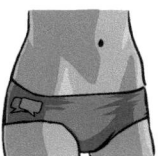

tun bu

klubas

xi gai

kelis

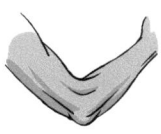

shou zhou

alkūnė

bi zi

nosis

pi gu

sėdmenys

pi fu

oda

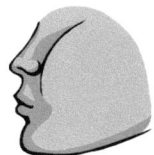

lian jia

skruostas

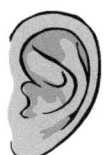

er duo

ausis

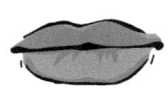

zui chun

lūpa

shen ti - kūnas

zui

burna

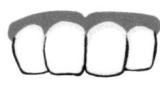

ya chi

dantis

she tou

liežuvis

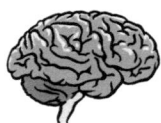

nao

smegenys

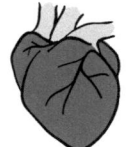

xin zang

širdis

ji rou

raumuo

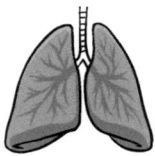

fei

plaučiai

gan zang

kepenys

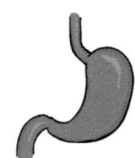

wei

skrandis

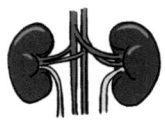

shen zang

inkstai

xing jiao

seksas

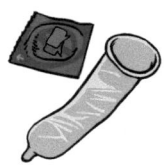

bi yun tao

prezervatyvas

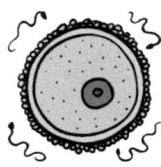

luan zi

kiaušialąstė

jing zi

sperma

huai yun

nėštumas

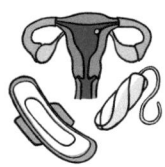

yue jing

menstruacijos

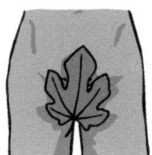

yin dao

makštis

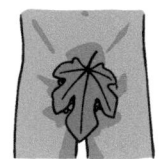

yin jing

varpa

mei mao

antakis

tou fa

plaukai

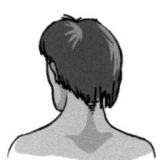

bo zi

kaklas

yi yuan
ligoninė

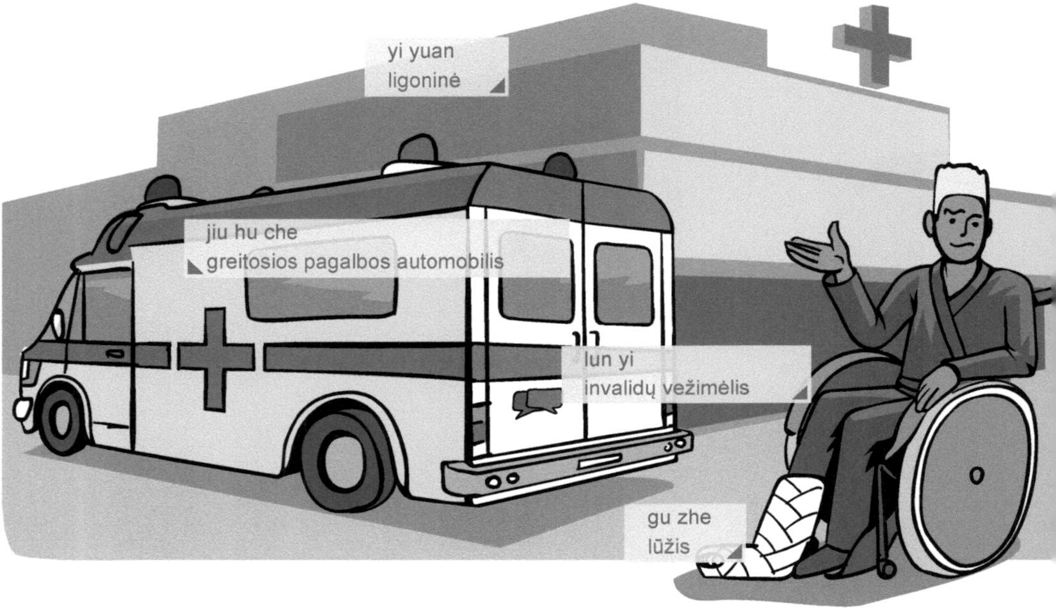

yi yuan
ligoninė
jiu hu che
greitosios pagalbos automobilis
lun yi
invalidų vežimėlis
gu zhe
lūžis

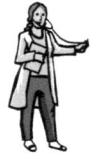

yi sheng

gydytojas

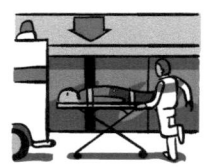

ji zhen shi

skubios pagalbos skyrius

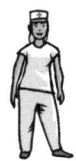

hu shi

slaugytoja

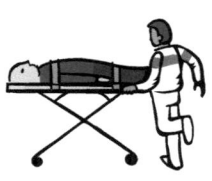

jin ji qing kuang

nelaimingas atsitikimas

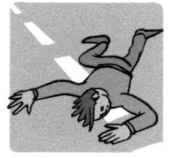

hun mi

be sąmonės

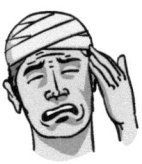

tong

skausmas

shou shang

sužalojimas

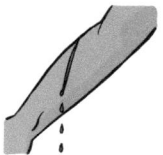

chu xue

kraujavimas

xin zang bing fa zuo

širdies smūgis

zhong feng

insultas

guo min

alergija

ke sou

kosulys

fa shao

karščiavimas

liu gan

gripas

fu xie

viduriavimas

tou tong

galvos skausmas

ai zheng

vėžys

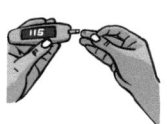

tang niao bing

diabetas

wai ke yi sheng

chirurgas

shou shu dao

skalpelis

shou shu

operacija

CT

KT

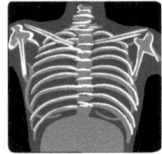

X guang

rentgenas

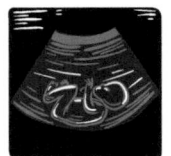

chao sheng bo

ultragarsas

kou zhao

veido kaukė

ji bing

liga

hou zhen shi

laukiamasis

guai zhang

ramentas

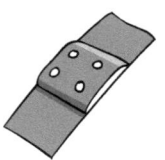

shi gao

gipsas

beng dai

tvarstis

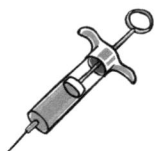

zhu she

injekcija

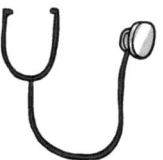

ting zhen qi

stetoskopas

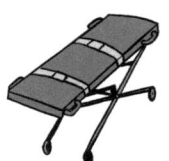

dan jia

neštuvai

ti wen ji

termometras

chu sheng

gimimas

chao zhong

antsvoris

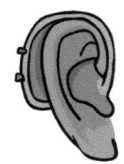

zhu ting qi

klausos aparatas

xiao du ye

dezinfekavimo priemonė

gan ran

infekcija

bing du

virusas

ai zi bing

ŽIV / AIDS

yao wu

vaistas

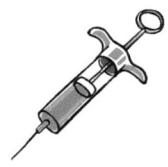

jie zhong yi miao

skiepijimas

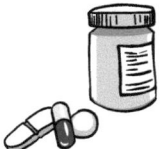

yao pian

tabletės

yao wan

piliulė

ji jiu dian hua

skubios pagalbos numeris

xue ya ji

kraujospūdžio matuoklis

sheng bing/jian kang

ligotas / sveikas

jiu ming!

Padėkite!

jing bao

pavojaus signalas

tu ji

užpuolimas

gong ji

ataka

wei xian

pavojus

jin ji chu kou

avarinis išėjimas

zhao huo la!

Gaisras!

mie huo qi

gesintuvas

yi wai

nelaimingas atsitikimas

ji jiu xiang

pirmosios pagalbos rinkinys

hu jiu xin hao

SOS

jing cha

policija

ou zhou

Europa

bei mei zhou

Šiaurės Amerika

nan mei zhou

Pietų Amerika

fei zhou

Afrika

ya zhou

Azija

ao zhou

Australija

da xi yang

Atlanto vandenynas

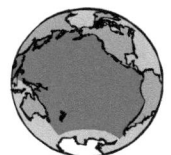

tai ping yang

Ramusis vandenynas

yin du yang

Indijos vandenynas

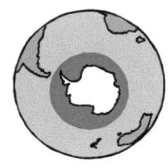

nan bing yang

Pietų vandenynas

bei bing yang

Arkties vandenynas

bei ji

Šiaurės ašigalis

nan ji

Pietų ašigalis

nan ji zhou

Antarktida

di qiu

Žemė

lu di

sausuma

hai

jūra

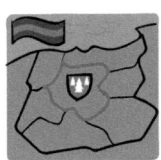

dao

sala

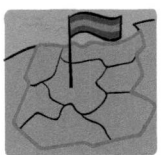

guo jia

tauta

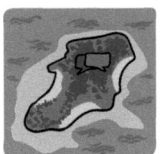

guo jia

valstybė

zhong mian

ciferblatas

shi zhen

valandinė rodyklė

fen zhen

minutinė rodyklė

miao zhen

sekundinė rodyklė

xian zai ji dian?

Kiek valandų?

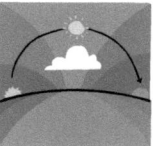

tian

diena

shi jian

laikas

xian zai

dabar

dian zi biao

skaitmeninis laikrodis

fen

minutė

shi

valanda

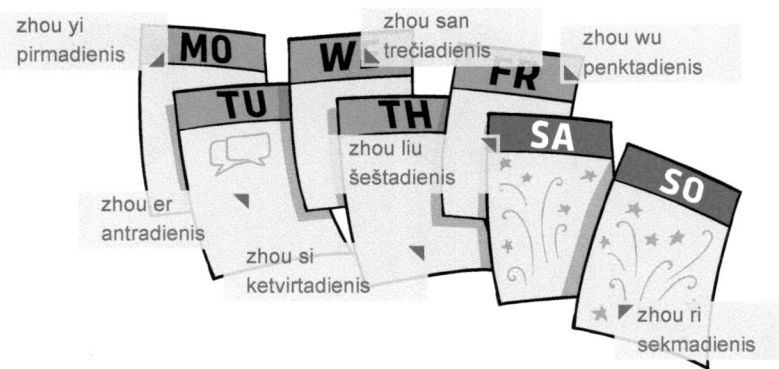

zhou yi
pirmadienis

zhou san
trečiadienis

zhou wu
penktadienis

zhou er
antradienis

zhou liu
šeštadienis

zhou si
ketvirtadienis

zhou ri
sekmadienis

zuo tian

vakar

jin tian

šiandien

ming tian

rytoj

zao chen

rytas

zhong wu

vidurdienis

wan shang

vakaras

MO	TU	WE	TH	FR	SA	SU
1	2	3	4	5	6	7
8	9	10	11	12	13	14
15	16	17	18	19	20	21
22	23	24	25	26	27	28
29	30	31	1	2	3	4

gong zuo ri

darbo dienos

MO	TU	WE	TH	FR	SA	SU
1	2	3	4	5	6	7
8	9	10	11	12	13	14
15	16	17	18	19	20	21
22	23	24	25	26	27	28
29	30	31	1	2	3	4

zhou mo

savaitgalis

cai hong
vaivorykštė

yu
lietus

xue
sniegas

feng
vėjas

chun
pavasaris

qiu
ruduo

xia
vasara

dong
žiema

4.APRIL	11°
5.APRIL	4°
6.APRIL	13°
7.APRIL	8°
8.APRIL	10°

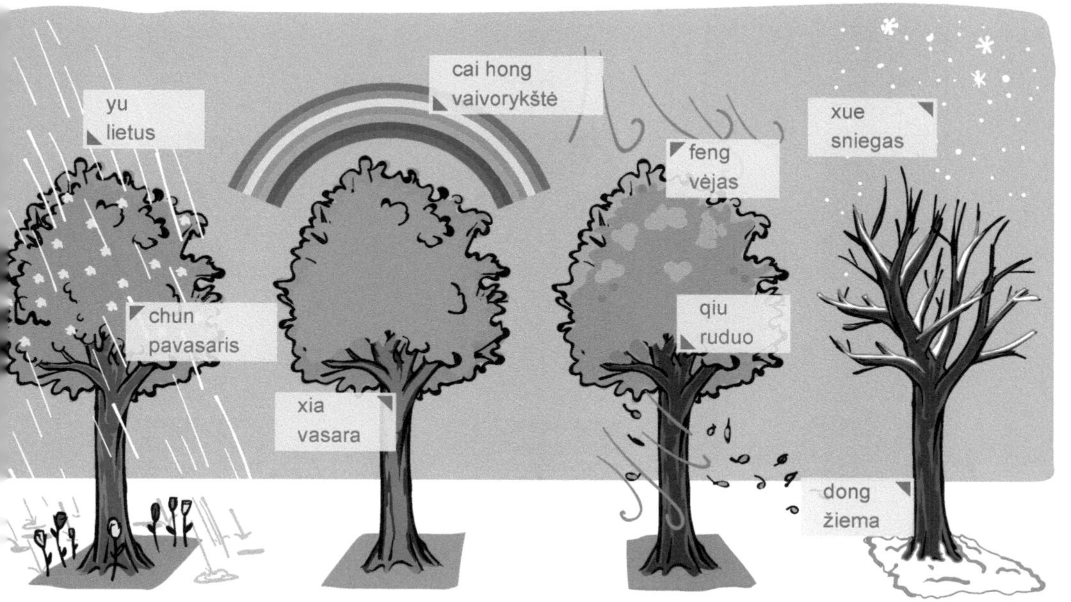

tian qi yu bao

orų prognozė

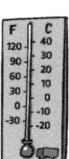

wen du ji

lauko termometras

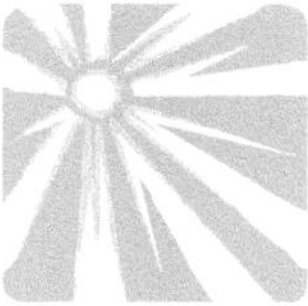

yang guang

saulės šviesa

yun

debesis

wu

rūkas

chao shi

drėgmė

shan dian

žaibas

da lei

griaustinis

feng bao

audra

bing bao

kruša

ji feng

musonas

hong shui

potvynis

bing

ledas

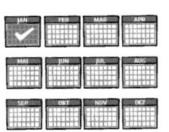

yi yue

sausis

er yue

vasaris

san yue

kovas

si yue

balandis

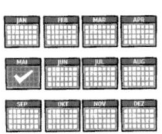

wu yue

gegužė

liu yue

birželis

qi yue

liepa

ba yue

rugpjūtis

jiu yue

rugsėjis

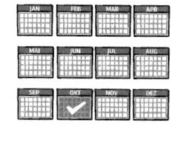

shi yue

spalis

shi yi yue

lapkritis

shi er yue

gruodis

xing zhuang

formos

yuan xing

apskritimas

zheng fang xing

kvadratas

chang fang xing

stačiakampis

san jiao xing

trikampis

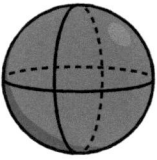

qiu ti

sfera

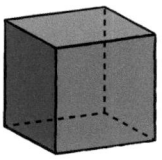

li fang ti

kubas

bai
....
balta

huang
....
geltona

cheng
....
oranžinė

fen
....
rožinė

hong
....
raudona

zi
....
violetinė

lan
....
mėlyna

lü
....
žalia

zong
....
ruda

hui
....
pilka

hei
....
juoda

hen duo/shao xu

daug / mažai

sheng qi/ping jing

piktas / ramus

mei/chou

gražus / bjaurus

shou/wei

pradžia / pabaiga

da/xiao

didelis / mažas

ming/an

šviesus / tamsus

xiong di/jie mei

brolis / sesuo

gan jing/ang zang

švarus / purvinas

wan zheng/que shi

užbaigtas / neužbaigtas

bai tian/wan shang

diena / naktis

si/sheng

miręs / gyvas

kuan/zhai

platus / siauras

ke shi yong/fei shi yong

valgomas / nevalgomas

xie e/shan liang

piktas / malonus

xing fen/wu liao

linksmas / nuobodus

pang/shou

storas / plonas

di yi/zui hou

pirmiausia / paskiausia

peng you/di ren

draugas / priešas

man/kong

pilnas / tuščias

ying/ruan

kietas / minkštas

zhong/qing

sunkus / lengvas

e/ke

alkis / troškulys

sheng bing/jian kang

ligotas / sveikas

fei fa/he fa

nelegalus / legalus

cong ming/yu ben

protingas / kvailas

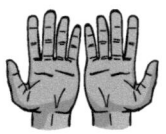

zuo/you

kairė / dešinė

jin/yuan

arti / toli

xin/jiu

naujas / naudotas

mei you/you xie

niekas / kažkas

lao/you

senas / jaunas

kai/guan

įjungta / išjungta

da kai/he shang

atidaryta / uždaryta

an jing/chao nao

tylus / garsus

fu/qiong

turtingas / vargšas

dui/cuo

teisus / neteisus

cu cao/guang hua

šiurkštus / švelnus

shang xin/gao xing

liūdnas / laimingas

duan/chang

trumpas / ilgas

man/kuai

lėtas / greitas

shi/gan

drėgnas / sausas

wen nuan/liang shuang

šiltas / šaltas

zhan zheng/he ping

karas / taika

0

ling

nulis

1

yi

vienas

2

er

du

3

san

trys

4

si

keturi

5

wu

penki

6

liu

šeši

7

qi

septyni

8

ba

aštuoni

9

jiu

devyni

10

shi

dešimt

11

shi yi

vienuolika

12

shi er

dvylika

13

shi san

trylika

14

shi si

keturiolika

15

shi wu

penkiolika

16

shi liu

šešiolika

17

shi qi

septyniolika

18

shi ba

aštuoniolika

19

shi jiu

devyniolika

20

er shi

dvidešimt

100

bai

šimtas

1.000

qian

tūkstantis

1.000.000

bai wan

milijonas

ying yu

anglų

mei shi ying yu

amerikiečių anglų

pu tong hua

kinų (mandarinų)

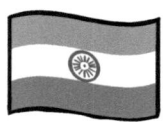

yin di yu

hindi

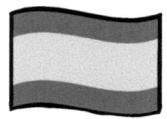

xi ban ya yu

ispanų

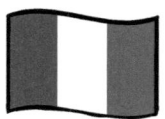

fa yu

prancūzų

a la bo yu

arabų

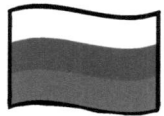

e yu

rusų

pu tao ya yu

portugalų

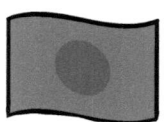

feng jia la yu

bengalų

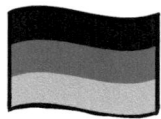

de yu

vokiečių

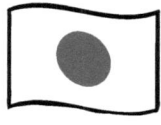

ri yu

japonų

wo
-----
aš

ni
-----
tu

ta/ta/ta
-----
jis / ji

wo men
-----
mes

ni men
-----
jūs

ta men
-----
jie

shei?
-----
kas?

shen me?
-----
ką?

zen yang?
-----
kaip?

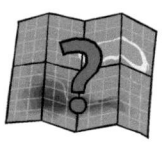

na li?
-----
kur?

shen me shi hou?
-----
kada?

ming zi
-----
vardas

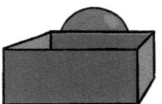

hou mian

už

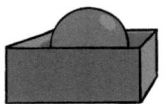

li mian

kur (vieta)

qian mian

priešais

shang fang

virš

shang mian

ant

xia mian

po

pang bian

prie

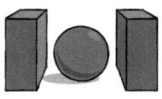

zhong jian

tarp

di dian

vieta